DISCOURS

DE M. BARON DE S.-GIRON,

Représentant à la Commune, Juge de Paix du District Saint-Honoré, en présentant M. Beaulieu.

DISCOURS

DE M. BARON DE S.-GIRONS,

Représentant à la Commune, Juge de Paix du District-Saint-Honoré, en présentant M. BEAULIEU.

Paris, 28 Janvier 1790.

MESSIEURS,

LORSQUE j'ai rappellé en faveur de M. Agasse, Président du District-Saint-Honoré, & de sa respectable Famille, les principes que ce District avoit précédemment annoncés à son égard, j'étois bien sûr que le vœu unanime appuyeroit une Délibération qui honore autant les Citoyens qui la portent, que ceux qui en sont l'objet; je devois aussi m'attendre à trouver les mêmes principes, les mêmes sentimens dans les Représentans de la

Capitale de l'Empire François, puiſque ces principes, ces ſentimens ſont ceux des hommes dignes d'être libres, qui rougiſſent d'un préjugé odieux, & ſaiſiſſent la première, la plus belle occaſion de l'anéantir. Je ne dois donc tirer aucun avantage de cette circonſtance; mais j'avoue avec vérité, que j'aurois oſé propoſer cette Délibération honorable, avant même la Révolution glorieuſe qui nous a rendus dignes de la voter unanimement.

Tel eſt l'effet, Meſſieurs, de la véritable Liberté ſur tous les cœurs; tel eſt l'empire de la Vertu: il les diſpoſe aux actions grandes & généreuſes. Au milieu des acclamations générales qui ont accueilli dans le Diſtrict-S.-Honoré, M. Agaſſe, ſon fils, & le frère des Infortunés, je n'ai point été ſurpris de voir un Lalouvelai, Capitaine de Grenadiers, prendre ſon bonnet, & vouloir, le premier, couvrir le plus malheureux des frères; un Latapy, un Robert, un Lacroix, un Avice, Capitaines; un Altemer, Hain & tant d'autres vertueux & braves Défenſeurs de la Patrie, ſe diſputer à l'envie la gloire de décorer les Agaſſe.

Je n'ai point été ſurpris de voir M. Beaulieu, que j'ai l'honneur de vous préſenter, Meſſieurs, comme vous l'avez déſiré, pour prouver votre ſatisfaction, faire hommage à la Vertu affligée, d'un Grade qu'il doit à ſon mérite & à ſes bonnes qualités, entr'autres à celle de fils le plus tendre, le plus religieux; oui, Meſſieurs, le plus religieux envers la mère la plus reſpectable.

Je connoiſſois les ſentimens de M. Baulieu, comme Citoyen, & ſa conduite active & prudente comme Militaire; ſon cœur l'a inſpiré. L'occaſion l'a ſervi comme moi; & il déclare avec ſatisfaction qu'il n'a fait que ce que tous les Militaires Citoyens du Bataillon étoient impatiens de faire. Il ſe preſente donc devant cette Auguſte Aſſemblee, non pas pour recevoir des éloges, mais pour lui exprimer ſa profonde ſenſibilité, ſa reſpectueuſe reconnoiſſance de l'honneur qu'elle lui fait, & des boutés précieuſes qu'elle a daigné lui témoigner.

Qu'il me ſoit permis, Meſſieurs, de manifeſter ici ma vive ſatisfaction de ce qu'en ce même jour, une famille vertueuſe, quoique deux de ſes Membres ayent dégéneré, ne perd rien dans l'eſtime de ſes Concitoyens, & acquiert, par ſes malheurs mêmes, de nouveaux Droits à ſon affection, & de voir un Comédien Citoyen, digne, par ſon patriotiſme, par ſes vertus, de recevoir les marques les plus flatteuſes de la bienveillance & de l'eſtime des Repréſentans de la Commune de Paris.

Béniſſons, Meſſieurs, oui, béniſſons à jamais une Révolution qui produit de ſi bons effets & qui, en nous mettant, chaque jour, à même de détruire d'injuſtes préjugés nous promet la gloire de donner inceſſamment, au monde entier, l'exemple de la plus belle Conſtitution.

Discours de M. Baulieu.

MESSIEURS, j'ai eu le bonheur d'être le témoin d'une scène bien attendrissante; plus de deux mille Citoyens arrosoient de leurs larmes une famille respectable, qui, six mois plus tôt, eût été la victime d'un préjugé barbare; le desir de la consoler remplissoit toute mon âme; j'ai eu le bonheur d'exprimer ce que j'éprouvois, moins bien sans doute qu'un autre auroit pu le faire; mais enfin j'ai eu le foible avantage de prévenir tous mes Compagnons d'Armes. Le vœu de mon cœur étoit de me démettre de mon Grade en faveur de mon infortuné Camarade, & d'être Soldat sous un si digne Officier; & n'ayant pu obtenir de M. Latapy, mon Capitaine, & de mon Bataillon la démission qui combloit mes vœux, je me suis adressé à mon Général qui a bien voulu céder à mes instances réitérées; je regarde cette faveur comme la plus distinguée de son estime, & je confesse devoir le germe de cette foible action aux vertus distinguées du District S.-Honoré ».

Réponse de M. l'Abbé MULOT, *Président.*

« Si j'en crois la Renommée, vous exercez, Monsieur, d'une manière qui fait honneur à vos talens, un Art innocent en lui même, comme les Campagnes où il a pris naissance, ainsi que la Poësie, & qui, employé d'abord par des simples Agricoles, pour rendre plus solemnelle les Fêtes qu'ils célébroient après la récolte des dons de la Nature, s'est annobli dans les mains habiles des Habitans de l'Attique, a passé de la Gréce dans l'Italie, & de l'Italie dans les Gaules.

Cet Art devoit avoir, dans les Villes, un but différent de la destination primitive; & on l'a consacré à présenter aux hommes des leçons de mœurs sous le voile du plaisir.

Guidé par cette idée que vous ne perdez jamais de vue, vous êtes parvenu à faire applaudir au ridicule que vous versez ſur nos travers; mais, heureuſement pour la Société, vous ne vous bornez pas à donner les leçons de Morale; vous-vous plaiſez à en donner des exemples.

C'eſt à un de ces exemples que je ſuis chargé, par l'Aſſemblée des Repréſentans de la Commune, de donner publiquement des éloges.

Une ſaine Philoſophie demandoit depuis long-temps qu'une famille entière ne fût pas ſouillée du crime d'un ſeul de ſes Membres, dont elle n'étoit point complice; les ſages Légiſlateurs de la Nation ont, par un Décret immortel, conſommé le vœu de la Philoſophie.

Vous avez l'honneur, Monſieur, d'avoir fait, le premier, un ſacrifice pour aſſûrer l'exécution de ce Décret mémorable; vous-vous êtes dépouillé d'une place honorable que la confiance de vos Concitoyens devoit vous rendre chère, pour en revêtir le frère eſtimable de deux victimes que ſemble, juſqu'à ce moment, réclamer le glaive de la Loi.

Recevez donc, Monſieur, au nom des Repréſentans de la Commune, des louanges juſtement méritées.

Quelque flatteurs que puiſſent être pour vous les applaudiſſemens publics auxquels vous êtes accoutumés, vous n'en goûterez jamais de plus doux que ceux qui vous ſont donnés en ce moment. Ils ſont les fruits & la récompenſe de la Vertu; ils ſont les gages de la gloire la plus pure. Cette gloire, dont votre action généreuſe vous couvre, s'augmente par le genre & le nombre des perſonnes qui en ſont les témoins.

C'eſt en préſence d'un Public, appréciateur impartial des actions véritablement grandes, qu'entouré de Citoyens qui vous chériſſent le plus, parce qu'ils vous connoiſſent davantage; de vos frères d'armes qui n'ont pas voulu ſe ſéparer de vous; de vos Camarades qui vous admirent, que la Commune de Paris célébre votre généroſité, & c'eſt moi qui ſuis ſon organe, moi que la Providence ſemble avoir destiné à cette fonction, afin que l'opposition d'état rendît plus brillant encore votre triomphe ».

A Messieurs du District S.-Honoré.

Généreux Citoyens, qui, prompts à suivre l'impulsion que vous a donnée l'un des Membres de cette Assemblée (M. Baron) qu'elle doit à votre choix, venez de purger la Société d'un Monstre que la Loi n'avoit fait que proscrire : vous jouissez d'un triomphe qui est votre ouvrage.

Aux Militaires du même District.

Sous un habit qui rend plus sensible à l'honneur, Militaires vertueux, vous avez su le distinguer des Préjugés ; votre éloge est dans votre action même ; vos noms inscrits sur le Cahier des Loix de la Nation vivront plus long-temps que s'ils étoient gravés sur le marbre, ou fondus avec le bronze.

Aux Comédiens, Camarades de M. Beaulieu.

Rivaux sans jalousie, des talens de

celui dont nous louons la conduite, vous ſes Camarades, qu'il honore ; vous n'oublierez jamais ce dont vous venez d'être les témoins ; vous n'ambitionnerez que la gloire de la bonne conduite ; votre Théâtre épuré plus que jamais, n'offrira le Vice que pour le faire haïr, & la Vertu que pour la faire aimer.

M. Baulieu a répondu :

Vous m'accordez des éloges, vous me décernez des honneurs, pour avoir rempli mon devoir ; que ne doivent pas attendre de vous les Citoyens qui auront bien mérité de la Patrie ; vous inſpirez la Vertu ; vous la faites aimer.

Que ne pourront pas les Pariſiens, enflammés par ces diſtinctions ſi flatteuſes pour des cœurs François !

De l'Imprimerie de LOTTIN *l'aîné*, & LOTTIN *de S.-Germain*, Imprimeurs-Libraires Ordinaires de la VILLE, rue S.-André-des-Arcs, (N° 27) 1789.

www.ingramcontent.com/pod-product-compliance
Lightning Source LLC
LaVergne TN
LVHW020506230826
846091LV00008BA/3360

* 9 7 8 2 0 1 1 9 0 5 7 0 3 *